NOTICE

D'UNE BELLE

COLLECTION D'ESTAMPES

ENCADRÉES ET EN FEUILLES,

LITHOGRAPHIES, VIGNETTES, RECUEILS,

ET DE QUELQUES TABLEAUX ET DESSINS,

Par Ch. Potrelle, Expert en objets d'arts.

Cette vente se fera les Lundi 5, Mardi 6, Mercredi 7
Février 1827, six heures du soir,

HOTEL DE BULLION, SALLE N°. 3,

RUE J.-J. ROUSSEAU, N°. 3.

*Il y aura Exposition publique les Dimanche 4, Lundi 5,
et Mardi 6 Février, de midi à trois heures.*

LA PRÉSENTE NOTICE SE TROUVE A PARIS :

Chez MM. COUTELLIER, Commissaire-Priseur, rue des Bons-Enfans,
n°. 28.
CH. POTRELLE, Expert en objets d'arts, rue des Vieilles
Étuves-Saint-Honoré, n°. 5.
CHAILLOU POTRELLE, rue Saint-Honoré, n°. 142.

1827.

AVERTISSEMENT.

L'étoile placée près des numéros sert à indiquer les morceaux encadrés.

CATALOGUE.

ESTAMPES.

ADAM. (Par M. Pierre)

16,00 - 1 La maladie de Las-Casas, d'après M. Hersent.
(Estampe de la Société des Amis des Arts.)

2,40 - 2 Mercure endormant Argus, d'après M. Steu-
ben, placé dans le cabinet du Roi; épreuve
sur papier de Chine.

ALLAIS. (Par M. J. A.)

14,00 - 3 La leçon de Henri IV, d'après M. Fragonard,
(estampe de la Société des Amis des Arts.)

ANSELIN. (Par)

44,50 - 4 Molière lisant Tartuffe chez Ninon de l'Enclos;
très-belle épreuve avant la lettre.

BENOIST. (Par)

3,50 - 5 Adam et Eve, d'après Cazenave.

BERTRAND. (par M. Noël)

6 Sa Sainteté Léon XII, d'après M. Camus.

12,00 — Napoléon d'après David

15,00 — le même en couleur.

BERVIC. (Par)

259,00 - 7 L'éducation d'Achille, d'après Regnault. — L'enlèvement de Déjanire, d'après le Guide, épreuves avant la lettre. (Toutes leurs marges.)

56,00 - 8 *Les mêmes estampes, épreuves avec la lettre, dont deux de l'Achille, deux lots.

40,00 - × Louis XVI

14,00 - 9 L'Innocence, jolie estampe d'après Mérimée.

BLOT et M. DESNOYERS.

35,10 - 10 *Le Jugement de Pâris. — La Danse des Nymphes, d'après Vanderwerf; épreuves avant la lettre.

16,10 - × Le Jugement de Pâris avant la lettre

BULLI. (Piet)

5,60 - 11 Ceice e Alcione, joli paysage d'après Wilson.

CARDON. (Par H.)

36,05 - 12 *Hébé et Léda, d'après Villiers, deux pièces en couleur.

18,60 - Hébé seule

CHAPONNIER. (M.)

4,05 - 13 La danse du Village. — Le Village abandonné; deux jolies estampes d'après Shervin.

CHARON. (M.)

6,05 - 14 S. M. Charles X. représentée à cheval, d'après Aubry.

× + Le Jugement de Pâris — La Danse des Nymphes, avec
23,00 - - la lettre.

CHATILLON. (Par M.)

15 Offrande à Esculape, d'après M. G. Guérin.

CHERÉAU.. (F. 1719.)

16 Portrait de Nicolas Delaunay, d'après H. Rigaud.

CUNEGO. (Joseph)

17 * Deux Paysages, d'après Gouaspe Poussin.

DEBUCOURT. (Par M. P. L.)

18 * Bataille de Somo-Sierra, d'après Horace Vernet.

19 * Chasseur égaré. — Cheval effrayé par la foudre; deux grandes pièces d'après Carle Vernet.

20 * Les Chiens ayant perdu la trace. — La Chasse au renard; deux grandes pièces d'après le même peintre.

21 Course et fin de la Course; deux épreuves en couleur, d'après le même.

22 Siècle de Louis XV, une Soirée chez Madame Geoffrin (1755), d'après Lemonnier.

DESNOYERS et M. R. U. MASSARD. (Par M. Aug. B.)

23 * Bélisaire. — Homère, d'après M. Gérard.

24 * Les deux mêmes estampes, Bélisaire avec le cachet de Ptolomée, et l'Homère avant celui de Chaillou-Potrelle; deux belles épreuves.

DESNOYERS et J. GODEFROY. (MM.)

25 Les pénibles Adieux, d'après Hilaire. — Le Danger de la précipitation, d'après Schall.

DIBART.

26 Le Chien de l'hospice et le Chien de l'aveugle, d'après M. Wafflard.

DIEN. (M.)

27 * Raphaël présenté au pape Jules II par Bramante, d'après Odevacre; épreuve aux lettres grises.

28 Mort de Démosthènes, d'après M. Boisselier.

29 La même estampe, épreuve avant la lettre, le titre tracé à la pointe.

30 Une autre épreuve avant la lettre, sur papier de Chine.

FLIPART. (J.-J.)

31 Le Gâteau des Rois, d'après le tableau de J. B. Creuze; ancienne épreuve.

GANDOLFI. (M.)

32 La Vierge, l'enfant Jésus et St.-Jérôme; très-

belle composition gravée au burin d'après Le Corrège.

GELÉE. (par M. F.)

33 Le Berger de Virgile, d'après M. Boissellier.

34. La même estampe, le titre tracé à la pointe.

35 Une autre épreuve, avant toutes lettres, sur papier de Chine.

GIRARDET et FORTIER.

36 Fête à Cérès, d'après N. Poussin; épreuve avant la lettre.

37 La même estampe, aussi avant la lettre, sur papier de Chine.

GODFROY. (par M. John)

38 * La Bataille d'Austerlitz, grande pièce, gravée en 1813, d'après le tableau peint par M. le baron Gérard en 1810; (épreuve avant la retouche).

GUÉRIN. (par C.)

39 Le Passage du Ruisseau;—le Repos champêtre, deux jolis paysages, d'après Loutherbourg.

JAZET. (par M.)

40 Les Adieux de Napoléon à sa Garde, le 20 avril

1814, d'après le tableau de M. Horace Vernet.

41 Le général Lasal, d'après M. Gros; — général
Colbert, d'après M. Gérard; épreuve avant
La lettre.

42 Portrait en pied de L. David, d'après le dessin
fait d'après nature par M. Odevaer; épreuve
avant la lettre.

43 * Le maréchal Moncey à la barrière de Clichy,
d'après M. Horace Vernet.

44 Chef de Mamelucks; — Mameluck au grand ga-
lop; — Mameluck au combat; — Mameluck
au repos; quatre pièces, d'après Horace Vernet; épreuves avant la lettre.

45 Intérieur d'un atelier, d'apr. le même peintre.

46 * Le Grenadier de Waterloo et son pendant.

47 * Les deux mêmes estampes, d'après M. Horace
Vernet; épreuves avant la lettre.

48 * Attends! attends! d'après le même; épreuve
avant la lettre.

49 * Le bon Conseil et la bonne Nouvelle.

50 Départ du bivouac, Cosaques et Baskirs, d'a-
près Sauerwied.

51 La même estampe; épreuve avant la lettre.

52 * Une autre épreuve, aussi avant la lettre et sous verre.

53 * Trois grandes estampes, d'après L. David et Ponce Camus. Trois lots.

54 Serment d'Annibal; — Antoine au bûcher de César; — Agrippine portant les cendres de Germanicus; — Mort d'Épaminondas, quatre pièces, d'après West.

55 Le Tasse lit à la princesse Léonore l'épisode d'Olinde et de Sophonie; — le Tasse, déguisé, se présente chez sa sœur Cornélia; deux estampes gravées à la manière noire, d'après M. Ducis.

LAUGIER. (par M.)

56 Héro et Léandre, jolie estampe, gravée d'après M. Delorme.

57 * La Mort de Léandre, d'après le même peintre; épreuve avant la lettre.

LEROUX. (par M.)

58 La Dame de charité, d'apr. Mme. Haudebourt; jolie estampe de la Société des Amis des Arts.

LIGNON. (M. Fréd)

59 Portrait de Mlle. Mars, d'après le tableau de

M. Gérard, très-belle épreuve avant la lettre;
(toute marge).

15 00 — Portrait de Talma, avant la lettre.

31,00 — 60 La Vierge au poisson, d'apr. Raphaël; épreuve
avant la lettre, sur papier de Chine.

MAILE.

27,00 — 61 * L'Invalide malade, d'après Baume; épreuve
avant la lettre.

id. en feuille.   4,60

5 20 — 62 Philippo-Lippi amoureux de son modèle, d'a-
près de la Roche; épreuve aux lettres grises.

9,00 — 63 La même estampe, épreuve coloriée.

MARCHAND.   (M.)

8,05 — 64 Clodomir et Analtilde, d'après Chabord.

14,00 — Deux épreuves.

MASSARD.   (par Jean)

10,05 — 65 * Départ de Priam, d'après Vien, 1783.

50,50 — La mort de Socrate, ép. avant la lettre,

MASSARD.   (M. R. U.)

83,00 — 66 Les Sabines, très-belle estampe, gravée en
1826, d'après le tableau peint par L. David
en 1799.

MOREAU.

4,00 — 67 Le général Lafayette arivant en Amérique, d'a-
près Duboloz; épreuve avant la lettre.

(Morel.)

17,00 — d'Œdipe avant la lettre, papier de Chine.
41,10 — Serment des Horaces, avant la lettre.
—0,00 — id.   id.
20,00 — id.   avec la lettre.
6,00 — La Madeleine 2 ép. l'une avant la lettre sans marge.

MORGHEN. (Raphaël)

115,00 - 68 *La Grande Cène; très-belle estampe, gravée
d'après Léonard de Vinci.

36,05 - 69 Les Trois Ages, d'après M. Gérard; belle épreuve
avant la lettre.

NOEL et MASSOL.

5,50 - 70 Les Nymphes au bain, d'après M. Lethiers.

PETIT. (Pre.)

2,00 - 71 La Naissance de Rémus et de Romulus, d'après
Pietre de Crotone; épreuve avant la lettre.

PORPORATI. (par Carlo)

7,00 - 72 Le Bain de Léda, d'après Le Corrège.

6,15 - 73 *Susanne au bain; d'après Santerre.

POUNCY. (par B. T.)

74 La Sortie de la garnison de Gibraltar; grande
3,05 estampe d'après Poggi.

75 La même estampe, épreuve à l'eau-forte.

PRADIER. (M.Ch)

18,00 76 *Psyché et l'Amour, d'après M. Gérard.

RAUCH (par E.)

4,95 - 77 Vue intérieure de la Basilique Saint-Paul, à

Rome, prise du chœur à l'entrée principale, d'après le dessin de Lerch.

ROSASPINA.

78 La Danse des Amours, d'après L'Albane.

79 *La même estampe encadrée.

SIXDÉNIERS. (par M.)

80 Honneurs rendus à Raphaël après sa mort; belle estampe gravée au burin, d'après le tableau de Bergeret; épreuve avant la lettre, papier de Chine.

81 Properzia de Rossi sculptant son dernier ouvrage. (Estampe de la Société des Amis des Arts.)

82 Portrait d'Eugène Beauharnais, d'après le dessin de M. Dévéria.

83 Le même portrait, épreuve avant la lettre, sur papier de Chine.

TARDIEU. (par M. Alex.)

84 Napoléon, d'après Muneret, gravé en ovale.

VILLEREY. (M).

85 Innocence et Amour, charmante estampe d'après Prud'hon; épreuve avant la lettre.

VIVARÈS. (par F.

86 Un beau paysage d'après Cl. Lorrain ; on re-
   marque la Sainte Vierge, l'Enfant Jésus et
   Saint Joseph.

WALKER.

87 *La Lionne et ses Lionceaux , d'après Rubens;
   épreuve avant la lettre.

WOOLLETT. (William)

88 *Les quatre Temps de la Chasse , d'après Geo.
   Stubbs.

ESTAMPES DE DIFFÉRENS MAITRES.

---

89 Deux cent soixante-dix-sept estampes , portraits , vignettes , dont partie sont gravées à
   l'eau-forte , au burin et au pointillé ; on re-
   marque des antiquités , monumens de Pom-
   peia , par Piranesi. — Estampes d'après Rubens. — Statues et figures antiques , par
   Bloemaert. — Mathem et Natalis. — Portraits
   d'après Gérard. — Allégories d'après Lafitte.
   — Animaux par Huet, de Wailly et Miger.
   —Le Billet doux et vignettes par Saint-Aubin,

Delaunay, Dambrun, Lemire, Duclos, In-
gouf. — Pièces de la révolution française et
campagnes d'Italie par Girardet, Niquet et
Duplessi - Bertaux. — L'Assomption de la
Vierge, d'après le Dominiquin. — Cahier
d'hermaphrodites par Ingram. — La Toilette
de Vénus, d'après l'Albane, et dessins de
fruits coloriés; cet article formera dix-huit
lots.

90 *Diverses estampes, par Leclere, Robiliac,
Angelica-Kauffman, Tardieu, Papavoine, et
têtes d'expressions. Quatorze pièces, deux
lots.

91 *Huit autres pièces, dont la Mort de Socrate,
Antiochus et Cyrus, la bonne Mère, douce
Rêverie, la Vestale, l'Essai du corset et le
Poême epique. Quatre lots.

92 *L'Antigone française. — Vue du théâtre de
Bordeaux. — Trois Amours dans la rose. —
Et deux estampes par Bartolotzi. Cinq lots.

93 Quarante-deux pièces diverses, dont : Portraits
de grands hommes, paysages par Piringer,
Vues et plans des châteaux royaux, Persécu-
tions de Cornélie, Mort de Mazet et généraux
français. Six lots.

94 *Dix autres pièces, dont : la Vierge à la chaise
d'après Raphaël. — L'Accord, l'Épreuve, le
Caprice, la Rupture, d'après Wicar, par Ul-
mer. — Le Matin, le Midi, le Soir, la Nuit,
d'après Blaizot. — Général Rapp, d'après
Aubry. Trois lots.

95 Le Contrat, par Blot, d'après Fragonard. — La
douce Résistance, par Chaponier, d'après
Boilly.

96 Estampes françaises, italiennes et anglaises,
dont : Cyparis par Caron, le Sommeil d'après
Albier, la Tendresse maternelle par Avril, la
Sainte Vierge par Gandolfi, Sainte Famille et
Évanouissement de la Vierge, par Rosaspina,
la Mort de David Rizzio, par Taylor, Nau-
frages par Clerck, Intérieurs rustiques, Chevaux, Troupeaux par Ward, Smith, Reynolds
et autres. Trente-huit pièces, neuf lots.

97 La Bataille de Sediman, par Reynolds, d'après
Géricault; divers sujets militaires et portraits.
Quinze pièces, cinq lots.

98 Le Joueur, d'après Charlet, et autres portraits;
11 pièces, 3 lots.

99 * Diane et ses Nymphes partant pour la chasse; 20,00
belle gravure anglaise, d'après Rubens.

100 Soixante huit pièces, dont Jésus-Christ ; —
St-Jean, bon Pasteur, Charles X, Louis
XVIII, Enlèvement d'Europe, Acis et Gala-
tée, Vues de Paris, Paysages, collection de
Chevaux, Diligences, Bivouacs, Convois,
etc. etc. ; 5 lots.

101 Estampes diverses au burin, au pointillé et
à l'aquatinta, et lithographies, par Alix,
Maurin, Moreau, Negleen, Pawon, Por-
nay, Roger, Schenker ; en tout 26 pièces,
3 lots.

102 Paysages, fleurs, études pour le dessin, 120
pièces.

103 Deux mille trente pièces, dont : quelques
estampes anciennes, monumens, plans, mé-
dailles, antiquités, statues, bas-reliefs, études pour le dessin, eaux-fortes, anatomie,
description de géographic, oiseaux, sujets
militaires, chevaux, vues et paysages anglais,
grand nombre de vignettes anciennes et
modernes et quantité de sujets gracieux ;
cet article formera 34 lots.

OUVRAGES EN RECUEILS.

104 La Divina Comédia, di Dante, ou le Paradis,

le Purgatoire et l'Enfer, représentés en cent gravures au trait, par Giacomelli.

105 Bas-reliefs des dix principales portes du temple de St.-Jean-Baptiste à Florence, représentant l'histoire de l'ancien testament; gravés par Calendi.

106 Collection de vingt-quatre jolies têtes de jeunes filles, représentant les costumes de différens pays. Epreuves coloriées avec soin.

107 Cahier contenant les portraits des Mandataires de la France.

108 Les Fastes de la Nation Française, avec texte explicatif, par Ternisien d'Haudricourt; 3 vol. in-fol. dorés sur tranche.

109 Soixante cahiers d'architecture, par Palladio, Adam et Robert; — Vases arabesques, fleurs, plantes; 5 lots.

110 Monumens et Tombeaux, par Clochar; 2 cahiers.

GÉOGRAPHIE.

111 Cartes d'Europe, d'Asie, d'Afrique et d'Amérique, par Brion, Danville, Delamarche et

Poirson. Autres Cartes françaises et étrangères, plans, Atlas, Mappe-Mondes, par Bonisel, Bonne, Dezauche, Hérisson, Longchamps et autres; en tout 13o cartes , 5 lots.

LITHOGRAPHIES.

ALBERTI. (Par M.)

1,8o — 112. Marguerite d'Ecosse , d'après Van-Dick; épreuve sur papier de Chine.

6,2o — 113 Ecce Homo en grand, d'après le Guide, 2 pièces.

AUBRY-le-COMTE et DASSIY. (MM.)

62,oo — 114 Danaé et Vénus, deux très-belles lithographies, d'après Girodet; premières épreuves avant la lettre, sur papier de Chine,

14,oo — *Donné ep. montée sur carton.*

15,5o — 115 Les Maisons de Michel-Ange et du Tasse, d'après Dejuinne; épreuve avant la lettre, sur papier de Chine.

20,o5 — 116 Une scène du Déluge, lithographiée, en 1825, d'après le tableau peint par Girodet en 18o6; épreuve avant la lettre, sur papier de Chine.

3,oo — *Marguerite d'Ecosse et le prince Eugène à cheval.*

4,o5 — — *55. — — — — — — id.*

BARATHIER. (M.)

117 Psyché au tribunal de Vénus. — Psyché offrant des présens à ses sœurs. — Le Récit. — Le Combat de la Flûte; quatre très-belles lithographies d'après M. Fragonard et faites sous sa direction; épreuves sur papier de Chine; 2 lots.

118 Les mêmes sujets; épreuves avec la lettre, sur papier de Chine.

119 Une autre suite avant la lettre; papier de Chine.

GREVEDON. (M.)

120 Françoise de Rimini, d'après M. Coupin; épreuve avant la lettre, papier de Chine.

VIGNERON. (M.)

121. Onze portraits, dont Talma et mademoiselle Mars; 5 lots.

122 Les Chasses au chevreuil, au loup, au sanglier et à l'ours, d'après Joseph Volmar.

123 Le Marchand, le Brocanteur, lithographies par MM. Wattier et Weber, d'après madame Haudebourt; épreuves papier de Chine.

124 Neuf pièces coloriées, de paysages et chasses.

125 Quarante-neuf lithographies par divers artistes, représentant des portraits, sujets, paysages et caricatures ; 4 lots.

126 Chasses par M. Carle Vernet ; quatre belles
épreuves sur papier de couleur, rehaussées.

TABLEAUX.

LUCAS DE LEYDEN.

127 * Tableau ceintré , représentant la Flagel-
lation.

PAUL MARTIN.

128 Près d'une ferme sont trois Villageois en
prière au pied d'une croix ; étude peinte sur
papier.

129 * L'Amour endormi , tableau de l'Ecole ita-
lienne.

130 Une Procession, tableau de la même école.

131 Vénus et l'Amour, même école.

132 Vue de Venise, tableau attribué à Peternëef.

133 Portrait de Madame de Maintenon , copie d'a-
près Mignard.

134 Un tableau de fleurs dans un vase.

135 Le Souper turc.

136 Une Vierge aux mains jointes.

5,20 – 137 Deux sujets mythologiques.

138 Des Musiciens, tableau dans le genre de Té-
       niers.

130 Etude pour une scène de déluge.

140 Un Vieillard et une jeune Fille, tableau sur
       bois.

141 Autre tableau représentant une jeune Men-
       diante.

DESSINS.

6,05 – 142 * Par Louis Lesueur, un paysage, dans le-
       quel on voit une ancienne église.

45,55 – 143 Quarante-cinq dessins et gouaches par : Rem-
       brandt, Amand, Pietre de Cortone, La-
       belle, Lagrenée, Bloemaert, Huet, Bour-
       don, Boullongne, H. Fragonard, Vanloo,
       Stella, et autres anciens maîtres. Cet article
       formera sis lots.

11,05 – 144 Douze dessins par Wille, Sergent, Parme-
       san et autres, d'après Le Corrège et Van-
       Dick. Trois lots.

31,55 - **145** Dix-neuf dessins par MM. V. Adam, Dévéria, Charier, Coquentin, Charles, Monvoisin aîné, Thénot, Roger, Boinard et autres artistes. Sept lots.

OBJETS DIVERS.

15,05 - **146** Un beau porte-feuille en carton fort, avec toile verte; largeur quarante-sept pouces, hauteur trente po uces.

9,05 - **147** Quelques verres pour estampes, vieux porte-feuilles, registres, bordures dorées avec et sans verre, et autres objets seront vendus sous ce numéro.

12,00 - - Les heures d'après Raphaël

9,05 - - Une Bassine en plomb, encaissée dans du bois

Vᵉ BALLARD, imprimeur du Roi, rue J.-J. Rousseau, nᵒ. 8.